JAVIER MÜLLER

Diese Buchreihe stellt Band für Band die Bauwerke von ausgewählten jüngeren Schweizer Architektur-schaffenden vor, deren Arbeiten durch besondere Qualität überzeugen. Seit 2004 kuratieren wir die Reihe *Anthologie* in Form einfacher Werkdokumen-tationen. Sie ist vergleichbar mit der «Blütenlese», wie sie in der Literatur für eine Textsammlung vor-genommen wird. Es liegt in der Natur des Archi-tektenberufs, dass die Erstlingswerke meist kleine-re, übersichtliche Bauaufgaben sind. Sie sind eine Art Fingerübung, mit der junge Architekturschaffen-de das Erlernte anwenden und ihr architektonisches Sensorium erproben und entfalten können. Bega-bung und Leidenschaft für das Metier lassen sich dabei früh in voller Deutlichkeit und Frische erken-nen. So stecken in jedem der kleinen und grossen Projekte inspirierte Grundgedanken und Vorstel-lungen, die spielerisch und zugleich perfekt in archi-tektonische Bilder, Formen und Räume umgesetzt werden. Immer wieder wird mir dadurch bewusst, dass in der Architektur wie in anderen Kunstformen die Bilder und Ideen, die hinter einem Werk stehen, das Wesentliche sind. Es mag diese Intuition sein, die Kunstschaffende haben, die über ihr Werk wie ein Funke auf die Betrachtenden überspringt, so wie es der italienische Philosoph Benedetto Croce in seinen Schriften eindringlich beschrieben hat.

Heinz Wirz
Verleger

Each volume in this series presents buildings by selected young Swiss architects whose works impress with exceptional quality. Since 2004, we have been curating the *Anthologie* series by simply documenting their oeuvre. The series can be compared to a literary anthology presenting a collection of selected texts. It is in the nature of the architectural profession that early works are mostly small, limited building tasks. They are a kind of five-finger exercise in which the young architects apply what they have learnt, as well as testing and developing their architectural instincts. Talent and a passion for the profession can be seen at an early stage in all of its clarity and freshness. Each project, be it large or small, contains an inspired underlying concept and ideas that are playfully and consummately im-plemented as architectural images, forms and spaces. Thus, I am regularly reminded that in architecture, as in other art forms, the essence of a piece of work is formed by the images and ideas upon which it is based. Perhaps this is the same intuition described so vividly by the Italian philosopher Benedetto Croce, one that is absorbed by the artist and flies like a spark via the work to the viewer.

Heinz Wirz
Publisher

JAVIER MÜLLER

QUART

Javier Müller

Javier Müller

DAS SOZIALE ENGAGEMENT DES ARCHITEKTEN

Javier Müller

Nach diesen ersten Arbeitsjahren bin ich mir mehr denn je der sozialen Verpflichtung bewusst, die wir als Architekturschaffende haben: Wir tragen Verantwortung, wenn wir die Räume entwerfen, in denen Menschen schlafen, aufstehen, lachen, weinen, ihren Gedanken freien Lauf lassen und in denen sie träumen. Am Anfang der Architektur stand der Wohnraum, ein Obdach mit sozialem Potenzial, denn durch einfache Massnahmen wie das Abgrenzen von Bereichen, Einfassen von Unterständen oder Markieren von Versammlungsorten konnten Räume entstehen, die das nachbarschaftliche Zusammenleben und den Austausch förderten.

Das menschliche Bedürfnis, sich vor Witterung und Gefahren zu schützen, Treffpunkte einzurichten, hat in den Anfängen der Architektur als sozialer Katalysator gewirkt und die Menschen zusammengeführt: am wärmenden Feuer, an einem Tisch, unter einem Dach. Heute entspricht dem unser Wunsch nach einem Ort, an dem wir geschützt vorm Lärm unserer Gesellschaft und dem geschäftigen Treiben unserer Städte Ruhe und Erholung finden, einem Ort, an dem die Zeit sich verlangsamt. Bei der Besichtigung der fertiggestellten Baustelle in Commugny heute Nachmittag habe ich – in Gedanken noch mit den Arbeiten beschäftigt – einen neuen Ort entdeckt: ruhig und still. Da ist mir klar geworden, dass Architektur in der Lage sein muss, sich der Aussenwelt und ihrem eigenen Kontext zu entziehen, um dem Menschen das Leben leichter und angenehmer zu machen und der Gesellschaft humanere Züge zu verleihen.

Wenn ich darüber nachdenke, wie ich meine Arbeit beschreiben könnte, ist die Antwort zunächst mal ganz elementar: Was kann wichtiger sein, als Menschen Obdach zu geben? Es ist ein fundamentales Anliegen der Architektur, dem Bedürfnis nach einem Dach über dem Kopf nachzukommen. Darüber hinaus geht es um mehr als reine Problemlösung. Architektur muss die Lebensqualität der darin Wohnenden verbessern, behaglich sein, Räume schaffen, in denen sich Menschen wohlfühlen. Nicht nur, damit die Aussenwelt findet, was sie sucht, sondern auch damit die Architektur selbst ausgewogen bleibt. Ein solches Engagement kann der Erfüllung der wesentlichen Funktionen eines Gebäudes im Sinne des Menschen nur zugutekommen.

THE ARCHITECT'S SOCIAL COMMITMENT

Javier Müller

After these first years of work, I am more aware than ever of the social commitment that we, as architects, have. The responsibility to design spaces in which we get up, sleep, feel emotions; spaces in which we laugh, cry, imagine, dream. Housing lies at the origin of architecture, a shelter that has had the social power to generate spaces that encourage neighbourly cohabitation and exchange, simply by delimiting an enclosure, defining a cover or determining a gathering place.

In traditional architecture, a human response to shelter from the weather, from danger, or to create a meeting point could act as a social catalyst, around the warmth of a fire, a table, or even under a roof. Today the parallelism would be finding a space isolated from the noise of society and the reality of our cities; a place where we find serenity and forget the reality of our lives, a place of contemplation of external reality, where time slows down. This afternoon, the works still resonating in my head, I visited the completed site in Commugny and discovered a new space, calm and silent. I realised then that architecture must be able to abstract itself from the external environment, from its own context, in order to simplify people's lives and make them more enjoyable, ultimately to make society more human.

Today I wonder how I would describe my architecture. And my first answer is elementary. What can be more important than giving shelter to a human being? Responding to housing needs is the foundation of architecture. Secondly, architecture should not be limited to providing a solution to a problem. It must be able to improve its inhabitants' quality of life, to make us feel good, to imagine spaces where human beings feel in harmony. Not only as the object of a quest external to itself, but as the very condition of its own balance. Such a social commitment can only benefit the essential functions of a building with the aim of respecting the human individual.

Unser Architekturbüro strebt danach, passende Räume für alle zu schaffen. Um möglichst vielen Menschen eine direkte und für sie gut brauchbare Antwort zu geben, muss Architektur elementar und grundlegend sein. Die einfache, zurückhaltende Architektursprache, die den Raum stimmig und funktionaler macht, ist zur Arbeitsmethode geworden. Ein solcher Ansatz erzeugt eine diskrete, proaktive Architektur, die auf rationale Art und Weise den Kontext stärkt und der Nutzerschaft dient. Abstraktion, Rationalisierung und Radikalisierung werden in diesem Sinne als Reduktionswerkzeuge eingesetzt.

Die Abstraktion legt die wesentlichen Elemente fest, die es entsprechend der Funktion und Nutzung des jeweiligen Projekts zu lösen gilt. Sie ist als eine rationale Formfindung zu verstehen, ein Akt der Reduzierung, der bei der Gestaltung ausschliesslich Zweckmässigkeit walten lässt. Dieses Streben nach Abstraktion bringt zugleich Zeitlosigkeit und Universalität mit sich. In der Einfachheit dessen, was bleibt, wenn man alles entfernt, was nicht der Funktion dient, entdecken wir eine Ähnlichkeit mit vernakulären Bauten, deren Schönheit uns rührt. Diese Schönheit ist einfach nur der Geometrie, dem Licht und den räumlichen Proportionen verpflichtet; sie verleiht der Architektur Erhabenheit und trotzt der Zeit.

Die Abstraktion wird durch einen Rationalisierungsprozess erreicht, bei dem dem Raum durch die Beseitigung aller unnötigen Elemente absolute Zurückhaltung auferlegt wird. Die Vereinfachung aller Formen auf das Essenzielle bedingt eine Optimierung der ausdrucksstarken Architektursprache, macht die räumlichen Gegebenheiten erkennbar und fördert den Dialog mit dem bestehenden Kontext. Eine solche formale Rationalisierung verlangt eine sorgfältige Gestaltung der architektonischen Details, damit diese die Gesamtheit nicht stören, sondern hervorheben. Eine Architektur der Reduzierung arbeitet folglich mit wenigen Elementen. Sie ist sparsam mit Ressourcen, Mitteln und Herangehensweisen.

Konsequent umgesetzt, schafft dieser Ansatz eine radikale, aufrichtige Architektur, die ist, was sie ist. Jedes Detail wird einer radikalen Rationalisierung unterzogen, die zu baulicher Authentizität führt. Diesem Prozess, der häufig komplexer ist als die Umsetzung,

This practice of architecture aims to create suitable spaces for everyone. In order to give the greatest number of individuals a direct and easily appropiable response, architecture must be elementary and fundamental. As a working method, expression is reduced by using a simple language that benefits the function and overall coherence of the space. Such an approach tends towards a discreet and proactive architecture, enhancing the context and its users in a reasoned way. Abstraction, rationalisation and radicality are used as "reduction tools" to accomplish this.

Abstraction determines principal elements to resolve and find solutions according to the function and use of each project. It is understood as the rational materialisation of form, a work of reduction where the function is the only factor that influences the shape. This search for abstraction implies both universality and timelessness. In the simplicity of removing everything that is not directly related to the function, we discover a similarity with vernacular architecture, which moves us by its beauty. Defined simply by geometry, light and spatial proportions, such beauty defies time and makes architecture transcend.

Through a process of rationalisation, the space is reduced to a minimal expression where any arbitrary element is removed, contributing to the project's abstraction. This simplification to the essence of forms induces an optimisation of the expressive language, leading to clearly legible space and thus encouraging dialogue with the existing context. This formal rationalisation requires great attention to details, which do not conflict with the overall unity, but rather serve to highlight it. Therefore, architecture by reduction is based on very few elements simultaneously following an economy of resources and means approach.

Followed through to the end, this procedure achieves a radically sincere form of architecture that is devoid of pretence. Every detail faces a radical rationalisation, leading to a con-

liegt ein abstraktes Projektverständnis zugrunde. Wenn die Reduzierung auf das Wesentliche beendet ist, wird der fundamentale Charakter aller Elemente deutlich, die keinen offensichtlichen Zweck zu haben scheinen. Die Komposition tritt so als ein vollkommen ausgewogenes Ensemble interagierender Elemente zutage. Diese Ausgewogenheit geht mit Harmonie einher. Sie findet sich in der Gestaltung, dem angemessenen Verhältnis von verbautem Raum und Leerraum und in der Lichtführung, die das Erleben des Raums als Ort, an dem man Harmonie findet und Schönheit erfährt, möglich macht. Sie bedeutet zugleich Ausgewogenheit für die Bewohnerschaft und belegt so den sozialen Einfluss der Architektur.

Die bewusste Einfachheit macht die Entwurfsabsicht deutlich: durch einen rationalen, auf Funktionalität ausgerichteten Umgang mit der Problemstellung universale Bauwerke zu schaffen. Anstelle einer wechselnden Architektursprache tritt eine sich selbst treu bleibende Sprache, die sich durch sorgfältiges Experimentieren weiterentwickelt. Dieses herrliche Zusammenspiel von Schönheit und Authentizität macht Architektur zeitlos und zeigt ihre Bedeutung für die Gesellschaft.

Haus C, Commugny
House C, Commugny

structive truth. Often more complex than the implementation, the process is influenced by an abstract understanding of the project. Once this level of reduction to the essence of forms is reached, everything that does not appear to have an obvious justification becomes fundamental. And the composition is then understood as an interaction between elements constituting a whole in perfect balance. Harmony and this balance go hand in hand. It is a balance in the design, in the adequate proportions between solids and voids with the right amount of light, allowing space to be perceived as a unity to find harmony and experience beauty. It also implies a balance for the user, proving the social influence of architecture.

Thus, the sought simplicity offers a clear understanding of the project's intentions: responding in a functional and rational way to a problem in order to reach a universal work. In this way, the architecture develops through careful experimentation using the same language, rather than varying its language altogether. This splendour of beauty associated to a constructive truth makes architecture durable and demonstrates the importance of architecture.

Haus P5, Prangins
House P5, Prangins

HAUS C, COMMUGNY
Umbau eines Hauses, 2018–2019

Die Rationalisierung und Optimierung der Ressourcen und Ausdrucksmittel führt im Zuge eines zurückhaltenden Eingriffs zu einer elementaren, fast ursprünglichen Sprache: Der Entwurf sieht eine vollständige Abstraktion des bestehenden Raumes vor, lediglich die Holzelemente bleiben erhalten, in Erinnerung an die Geschichte und vorangegangene Umbauten.

Die Räume werden bewusst nicht streng voneinander getrennt, sondern fliessen ineinander über. Die Abgrenzung erfolgt auf subtile Weise: durch halbe Geschosse, Unterschiede in der Materialität und die Einführung eines starken geometrischen Volumens. Die konzentrierte Anordnung der funktionalen Elemente in dem Volumen, das den Kamin beherbergt, begünstigt die Lichtverteilung und lässt die Weite des Raums erfahrbar werden. Die optische Kontinuität, die auf diese Weise entsteht, wird noch betont durch ein grosses Fenster im Obergeschoss. So entsteht ein offener Raum, der flexibel genug ist, um sich den wandelnden Bedürfnissen der Bewohnerschaft anzupassen.

Drei Holztüren stehen wie Bild-Tableaus in Dialog mit dem Boden der Zimmerebene und den Niveausprünge markierenden Stufen. Edelstahlelemente und ein durchgehender Boden aus poliertem Beton setzen vor einer weissen Kulisse eine Folge von Kontrasten – der Formen, Geometrien und Texturen – in Szene.

HOUSE C, COMMUGNY
House conversion, 2018–2019

Through a modest intervention, the rationalisation and optimisation of resources and expressive means leads to a fundamental, almost primary language. The project proposes a complete abstraction of the existing space, where only the memory of wood was kept as a link to history and the different interventions in the house.

The spaces are deliberately not strictly delineated. Half-levels, a change of material and the introduction of a geometrically strong volume enable the subtle differentiation of spaces treated as a single fluid. Concentration of functional elements in the fireplace volume helps the light distribution and the space's amplitude, allowing visual continuity. The latter is emphasised by a large window on the first floor over the living room. This contributes to the floor plan openness and induces a certain flexibility in managing the changing needs of its occupants.

Three doors in wood appear as "pictures" in dialogue with the floor of the rooms level and the steps that mark the level differences. A continuous floor in polished concrete and the materiality of the stainless steel offer a series of contrasting shapes, geometries and textures on a white background canvas.

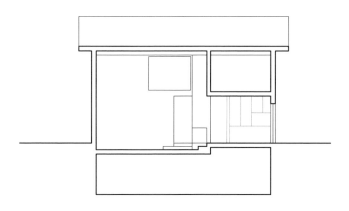

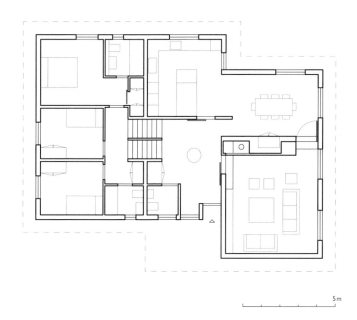

5m

DUPLEX B, BERNEX
Renovierung einer zweigeschossigen Wohnung, 2020–2021

Ergebnis einer Abstraktion durch die rationale Materialisierung der Form, schafft es das Konzept, den Raum so zu konfigurieren, dass das Ganze und seine Bestandteile in einem schlüssigen Verhältnis zueinander stehen. Die Form entspricht strikt der Funktion und zeigt sich von allem Überflüssigem befreit. Die Rationalisierung jedes Details ist auf eine Entmaterialisierung architektonischer Komponenten ausgelegt, die so von den der Architektur innewohnenden Bedingungen losgelöst scheinen.

Die Einführung eines zentralen Blocks definiert offene, aber klar voneinander abgegrenzte Zimmer. Separiert von der Fassade und belebt durch eine offene hölzerne Treppe, lässt er das Licht in einen fliessenden Raum strömen. Nüchterne Materialien unterstreichen den Kontrast zwischen mineralischem Betonboden und den Tischlerelementen. Oben lassen einige Öffnungen Licht ins Dachgeschoss, das mit seinem Eichenparkett die Materialität der Treppenstufen aufgreift. Grosse Glasflächen, die sich dem Dach unterfügen, fassen einen neuen, vielseitig nutzbaren Raum.

DUPLEX B, BERNEX
Renovation of a two-storey apartment, 2020–2021

A work of abstraction through a rational materialisation of form, this project has the ability to configure space in order to find coherence between the whole and the parts. The function strictly determines form, which is manifested independently of any superfluous element. The rationalisation of every detail aims to dematerialise architectural components that appear to be liberated from the conditioning features instrinsic to architecture at that point.

The introduction of a central block defines open, but clearly differentiated spaces. Detached from the façades and marked by an open wooden staircase, it allows light diffusion in a continuous space. Sober materials contrast with the carpentered elements and a mineral concrete floor. Upstairs, a few openings introduce light into the attic, treated with an oak flooring extending the materiality of the stair's steps. Large-glazed surfaces that follow the geometry of the roof delimit a new flexible space.

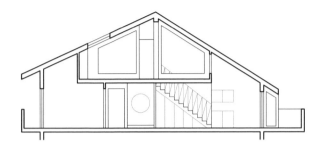

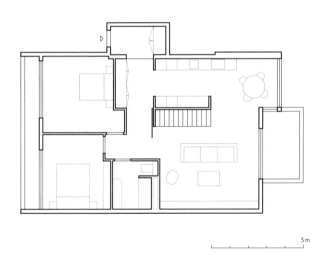

5m

HAUS M, MEINIER
Umbau eines Dorfhauses, 2019–2020

Angesichts der Herausforderung, einen zeitgemässen Eingriff vorzunehmen, ohne den Bezug zur traditionellen Architektur aufs Spiel zu setzen, haben wir uns gegen eine umfangreiche Massnahme entschieden und stattdessen beschlossen, vernakuläre Bautechniken neu zu interpretieren. Wie sie ist auch der Raum sich selbst genug; bevorzugt wurden Lösungen, die mit sehr wenigen Mitteln auskommen. Das Projekt beschränkt sich also auf eine Komposition von Materialien, um in der unvermeidlichen Vielfalt Einheit zu finden.

Der Eingriff ist minimal und sucht den massiven Charakter der Steinmauern in den Obergeschossen zu wahren, dem Dach dagegen mit mehreren Lichtöffnungen mehr Leichtigkeit zu geben. Ein architektonischer Aufstieg in Richtung Licht und Ausblick nimmt in Form eines neuen, zeitgemässen Bauteils Gestalt an: Eine moderne, kupferverkleidete Gaube krönt das Dach. Dank ihrer luftigen Form wertet sie die Materialien der traditionellen Konstruktion diskret auf: die Holzstruktur des Dachüberstands, die Tonziegel und die neuen steinernen Einfassungen. So gelingt dem Projekt eine neue räumliche Organisation in subtilem Einverständnis mit dem Bestand.

HOUSE M, MEINIER
Village house conversion, 2019–2020

The challenge to intervene in a contemporary way while keeping reference to tradition is such that it was decided not to make significant changes, but rather reinterpret the vernacular construction methods. Similar to these, the space is self-sufficient and solutions with very few resources were preferred. The project is thus limited to a composition of materials to find unity beetween the inevitable variety.

The minimal intervention seeks to maintain the massive side of the floors' stone walls to lighten up on its top floor with a few openings that introduce light under the roof. An upward architectural promenade towards the light and views materialises through the shape of a new contemporary element that crowns the roof. A large copper-clad dormer window enhances the materials of the traditional construction: the wooden eaves structure, the clay tiles and the new stone frames. Thus the intervention enters into a subtle dialogue with the existing structure, while reconfiguring all spaces.

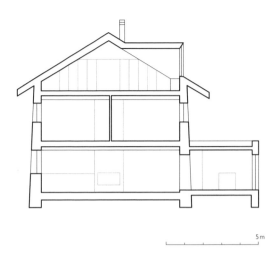

5 m

HAUS P5, PRANGINS
Umbau einer Villa, 2020–2021

Dieser Eingriff zielt darauf ab, mit neuen Fassadenöffnungen das bestehende Volumen aufzubrechen. Das Licht wird dabei Schnittstelle zwischen Fülle und Leere. Es wird wie ein Tool eingesetzt, um sicherzustellen, dass die Präsenz der wesentlichen Bauteile im Raum ausgewogen bleibt. Die Öffnungen in der Fassade rahmen den Blick nach draussen, je nach Nutzung des Raums. In Küche und Esszimmer haben die Fenster einen kontemplativen Charakter. Ihre gestreckten Proportionen geben einen Rhythmus vor, der die Horizontalität der Gartenlandschaft, das Wohnzimmer und den Zugang zur Terrasse begleitet.

Ein zentraler Abstellraum markiert die Räume. Sie gehen ineinander über, können jedoch durch Schiebetüren getrennt werden. Die Türen grenzen die Schlafzimmerbereiche, die Eingangshalle und die Küche sowie das Wohnzimmer ab, das mittels einer grossen Holztafel zur Küche hin geschlossen werden kann. Die Küche geht, begleitet von einem langen Buffet, ins Esszimmer über.

Das Projekt reduziert alle Formen aufs Wesentliche, wodurch auch das scheinbar Bedeutungslose bedeutungsvoll wird, wie die Farbe der weissen Wände, die im Kontrast zum Holz und zu den mineralischen Materialien – Metall, Beton und dunklem Stein – steht.

HOUSE P5, PRANGINS
Villa conversion, 2020–2021

The intervention seeks to open the existing volume by proposing new apertures in the façade. Here, light is understood as a tool that serves as an interface between solid and void, acting as a control device so principal elements appear to be in a perfect balance. Façade openings frame views according to the interior use of the rooms. In the kitchen and the dining room, windows are treated in a contemplative way. The long proportions confer a rhythm which accompanies the garden's horizontality, the living room and the terrace access.

A central storage block defines continuous rooms, although they are always separable by sliding doors. These doors delimit the bedroom areas, the entrance hall and the kitchen from the living room, which can be closed from the kitchen by a large wooden panel. The kitchen is extended onto the dining room through a continuous buffet cabinet across the entire length.

The work method becomes a process of reduction to the essence of forms, where anything that seems to lack a clear intention becomes fundamental. For instance the white wall color contrasts with a palette defined by wood and mineral additions in metal, concrete and dark stone.

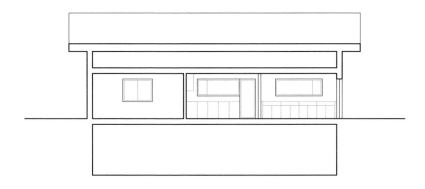

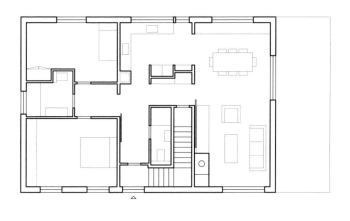

5m

HAUS B, BELLEVUE
Renovierung eines Stadthauses, 2019–2020

Lang, schmal und dunkel – der vorhandene Raum erforderte einen Eingriff. Ein kompaktes, mit Stauraum ausgestattetes Volumen dient als Verteiler und schafft um sich herum den grösstmöglichen Platz für Leere, die in der Organisation und Gestaltung des Raums eine zentrale Rolle übernimmt. Dieses Volumen ist ein Objekt, wird aber nie als solches wahrgenommen. Seine Aussenseiten stehen im Dialog mit den bestehenden Wänden und nehmen die Holztreppe auf, die auf dem Weg nach oben, dem Licht entgegen, drei Geschosse erschliesst. Das weiss gestrichene Element vor etwas dunklerem Hintergrund erhellt und erweitert den Raum und erleichtert dessen Inbesitznahme. Sie fällt noch leichter, weil die Räume bewusst neutral gehalten sind, schlicht und wohlproportioniert. So entsteht eine Einheit, aber nicht als Summe der verschiedenen Bestandteile, sondern eher wie eine Skulptur, die aus dem Material herausgearbeitet wird, in einem ausgewogenen Verhältnis von Fülle und Leere. Es ist eben diese sorgfältige Beschäftigung mit allen Elementen, die eine umfassende Aneignung und ruhige Bewohnung des Raums ermöglicht.

HOUSE B, BELLEVUE
Town house renovation, 2019–2020

Long, narrow and dark, the existing space required intervention. A compact volume equipped with storage distributes the different pieces of the programme, leaving as much room as possible to the void, a fundamental protagonist of space and its shaping. Built like an object, this volume will never be perceived as such. Its exterior faces dialogue with the existing walls, proposing a vertical connection between three levels through a wooden staircase that ascends towards the light. Painted in white on a tinted background, it brings luminosity and amplitude, which contributes to the space's appropriation. In order to enable this appropriation, spaces are deliberately left neutral, simple and well proportioned, creating a unity that is not a juxtaposition of many elements, but has been "moulded" in the material, in a perfect balance between solid and void. This attention paid to each component allows a broader appropriation and, ultimately, a calm occupation of the space.

5 m

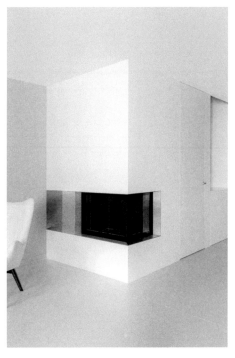

FLATWHITE, TANNAY
Renovierung einer Wohnung, 2016–2017

Der bestehende Raum wird durch einen minimalen Eingriff neu organisiert und vereinheitlicht, damit ein formal schlüssiges Ganzes entsteht. Der selbstbewusste Einsatz geometrischer Formen rationalisiert und optimiert die Leere und trägt zur Vergrösserung des Raums sowie zur Öffnung des Grundrisses bei. Hierfür sieht das Konzept die Einführung von zwei Blöcken vor, die den Raum gliedern und spezifische Nutzungsbereiche festlegen.

Die Anordnung der beiden Volumina schafft räumliche Beziehungen: Während der erste Block das Wohnzimmer von der Küche trennt und eine neue Verbindung zum Esszimmer herstellt, definiert der zweite einen Eingangsbereich und zugleich die Umrisse des Wohnzimmers. Die beiden gipsernen Volumina wachsen aus dem Boden wie zwei Skulpturen, auf denen das Licht Muster zeichnet. Die Materialien wurden mit grösster Sorgfalt ausgewählt, um diese Lichteffekte und den gewünschten abstrakten Charakter zu erzielen. Die weisse Farbe der Wände kontrastiert mit dem Eichenholzboden und bringt ihn zur Geltung. Die in die weisse Wandflucht integrierte Küche erhält durch einen mineralischen Bodenbelag und die Arbeitsplatte aus Marmor ihre Prägung. Die gesamte Komposition kann so als eine harmonische Einheit aus stimmig interagierenden Elementen wahrgenommen werden.

FLATWHITE, TANNAY
Apartment renovation, 2016–2017

A redistribution of the existing space with a discreet intervention unifies and transforms the space into a coherent global unit. The use of an assumed geometry leads to a rationalisation and optimisation of the void, contributing to an amplitude of space and an open floor plan. To achieve this, the project introduces two blocks that articulate the space with specific programmatic attributions.

The geometric layout of these two volumes denotes two spatial relationships. The first closes the kitchen from the living room and creates a connection with the dining room, while the second delimits the living room by defining an entrance hall. These two plaster volumes emerge exempt from the floor, like sculptures that imprint light on their facets. Materials were selected with great attention to emphasize light and enhance the will for abstraction. The white wall colour contrasts with and highlights an oak floor. The kitchen integrated into the white continuity of the walls is distinguished by a mineral concrete floor and a marble worktop. The entire composition can be perceived as an interaction between elements, constituting a unity, in harmony.

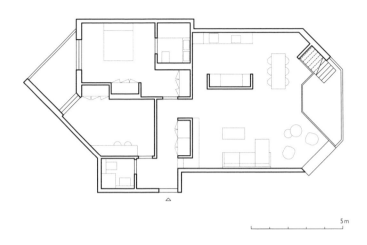

5 m

45

WERKVERZEICHIS
Auswahl Bauten, Projekte und Wettbewerbe

1

2017		Umbau einer Scheune, Champex d'Allesse
	1	Flatwhite, Renovierung einer Wohnung (I und II), Tannay
		Umbau eines Hauses, Roquebrune-Cap-Martin

2019 2   Haus C, Umbau eines Hauses, Commugny
            Renovierung einer Wohnung (III), Tannay
            Projekt Erweiterung einer Villa, Mies
            Projekt Umbau einer Villa, Châtelaine

2020 3   Haus M, Umbau eines Dorfhauses, Meinier
      4   Haus B, Renovierung eines Stadthauses, Bellevue
            Umbau eines Rustico, Sambugaro
            Wettbewerb, Kindergarten in Prangins (1. Rang)

2021 5   Duplex B, Renovierung einer zweigeschossigen
            Wohnung, Bernex
      6   Haus P5, Umbau einer Villa, Prangins
            Umbau und Erweiterung einer Hütte, Lens
            Café, Pâquis, Genf
            Wettbewerb Schule, Hauterive, Neuenburg

2022   Umbau und Erweiterung einer Villa, Veyrier
            Umbau und Erweiterung einer Villa, Thônex
            Renovierung einer Wohnung, Höngg, Zürich

2

3

4

5

6

LIST OF WORKS
Selection of buildings, projects and competitions

2017		Barn conversion project, Champex d'Allesse
	1	Flatwhite, apartment renovation (I and II), Tannay
		House conversion project, Roquebrune-Cap-Martin
2019	2	House C, conversion, Commugny
		Apartment renovation (III), Tannay
		Villa extension project, Mies
		Villa conversion project, Châtelaine
2020	3	House M, village house conversion, Meinier
	4	House B, town house renovation, Bellevue
		Country house conversion, Sambugaro
		Competition, kindergarten in Prangins (1st Prize)
2021	5	Duplex B, two-storey apartment renovation, Bernex
	6	House P5, villa conversion, Prangins
		Chalet conversion and extension, Lens
		Coffee shop, Pâquis, Geneva
		Competition, school, Hauterive, Neuchâtel
2022		Villa conversion and extension, Veyrier
		Villa conversion and extension, Thônex
		Apartment renovation, Höngg, Zurich

JAVIER MÜLLER

1986	Geboren in Granada, Spanien
2004–2012	Master in Architektur und Städtebau an der Escuela Técnica Superior de Arquitectura Madrid (ETSAM) Polytechnische Universität Madrid (UPM)
2010–2012	Praktikum bei Jose María Ezquiaga, Madrid
2012	Geladener Gast der UNESCO, Sapienza Università di Roma und der Universität Montréal, Überlegungen zur Zukunft des Appia Antica Parks in Rom
2013	Umzug nach Genf, Schweiz
2013–2016	Architekt bei Carneiro Architectes, Genf
2016	Mitglied im Schweizerischen Ingenieur- und Architektenverein (SIA)
2017–2018	Architekt bei dl-a designlab architecture, Genf Architekt bei Bassi Carella Marello Architectes, Genf
2017	Eröffnung eines eigenen Architekturbüros in Genf
2018	Aufnahme in das MPQ-Register Genf des Kanton Waadt
2019	Bachelor-Dozent für Innenarchitektur an der IPAC Design Genève Mitglied der Stiftung der Schweizerischen Register der Fachleute in den Bereichen des Ingenieurwesens, der Architektur und der Umwelt (REG A)

MITARBEITENDE 2019–2022

Pascaline Vuilloud, Charlotte Roux,
Leonora Soraia Testini, Paulo Jorge Dias

AUSZEICHNUNGEN, AUSSTELLUNG, PUBLIKATION

2008–2009	Auszeichnung für hervorragende akademische Leistung, Illinois Institute of Technology, Chicago
2020	Nominierung für den Arc Award 2020 der Schweizer Baudokumentation
2021	Ausstellung Interfaces, Fondation WRP, Genf
2022	Nominierung für den Arc Award 2022 der Schweizer Baudokumentation Javier Müller, Fundamental, Gollion

VORTRÄGE

2019	«Eine Architektur, die unbemerkt bleiben will», IPAC Design Genève, Februar 2019
2020	«Fundamental», Maison des arts du Grütli, Genf, Februar 2020
2021	«Grenzen zwischen Kunst und Architektur», Fondation WRP, Genf, April 2021
2022	«Architektur durch Reduktion», bunq'inn, Nyon, März 2022

JAVIER MÜLLER

1986	Born in Granada, Spain
2004–2012	Master in Architecture and Urban Planning, Escuela Técnica Superior de Arquitectura de Madrid (ETSAM) Polytechnic University of Madrid (UPM)
2010–2012	Intern at Jose María Ezquiaga, Madrid
2012	Invited guest of UNESCO, Sapienza University Rome and University of Montreal. Reflections on the future of the Appia Antica Park in Rome
2013	Moved to Geneva, Switzerland
2013–2016	Architect at Carneiro Architectes, Geneva
2016	Member of the Swiss Society of Engineers and Architects (SIA)
2017–2018	Architect at dl-a designlab architecture, Geneva Architect at Bassi Carella Marello Architectes, Geneva
2017	Established office in Geneva, Switzerland
2018	Technically qualified representative, MPQ Geneva, Vaud
2019	Bachelor Lecturer on Interior Architecture, IPAC Design Genève Architect, REG A Swiss Register Foundation

TEAM 2019–2022

Pascaline Vuilloud, Charlotte Roux, Leonora Soraia Testini, Paulo Jorge Dias

AWARDS, EXHIBITION, PUBLICATION

2008–2009	Mention of Academic Excellence, Illinois Institute of Technology, Chicago
2020	Nomination for the Schweizer Baudokumentation *Arc Award 2020*
2021	*Interfaces* exhibition, WRP Foundation, Geneva
2022	Nomination for the Schweizer Baudokumentation *Arc Award 2022* Javier Müller: *Fundamental,* Gollion

CONFERENCES

2019	"Une architecture qui veut passer inaperçue", IPAC Design Genève, February 2019
2020	"Fundamental", Maison des Arts du Grütli, Geneva, February 2020
2021	"Boundaries between art and architecture", WRP Foundation, Geneva, April 2021
2022	"Une architecture par réduction", bunq'inn, Nyon, March 2022

Finanzielle und ideelle Unterstützung

Ein besonderer Dank gilt den Institutionen und Sponsorfirmen, deren finanzielle Unterstützungen wesentlich zum Entstehen dieser Buchreihe beitragen. Ihr kulturelles Engagement ermöglicht ein fruchtbares und freundschaftliches Zusammenwirken von Baukultur und Bauwirtschaft.

Financial and conceptual support

Special thanks to our sponsors and institutions whose financial support has helped us so much with the production of this series of books. Their cultural commitment is a valuable contribution to fruitful and cordial collaboration between the culture and economics of architecture.

ERNST GÖHNER STIFTUNG

A.c. Elect Sàrl, Carouge

Burgener SA, Carouge

Copytrend SA Genève, Carouge

Costa Moises Ferbanterie Sarl, Châtelaine

dbs charpente associés SA, Carouge

Finive Sàrl, Genève

FM Entreprise Fernandes, Gy

Le Collectif Sàrl, Carouge

Matamoros SA, Bardonnex

MFP Carrelage Sàrl, Grand-Lancy

Rénovation du Léman, Genève

RF Construction Sarl, Vernier

RF-Sanitaire, Vernier

Senalada Chauffage Sàrl, Carouge

Tek Cuisine SA, Genève

Veralubois SA, Romanel-sur-Morges

Javier Müller
49. Band der Reihe *Anthologie*
Herausgegeben von: Heinz Wirz, Luzern
Konzept: Heinz Wirz; Javier Müller, Genf
Projektleitung: Quart Verlag, Linus Wirz
Texte: Javier Müller in Zusammenarbeit mit Salomé Houllier Binder
Textlektorat deutsch: Britta Schröder, schroeder-works.de, Friedberg
Textlektorat englisch: Benjamin Liebelt, Berlin
Übersetzung: Beate Ummenhofer, language service, Wien
Fotos: Think Utopia, Genf, S. 10–47, Holger Jacob, Zürich, S. 48
Redesign: BKVK, Basel – Beat Keusch, Angelina Köpplin-Stützle
Grafische Umsetzung: Quart Verlag Luzern
Lithos: Printeria, Luzern
Druck: DZA Druckerei zu Altenburg GmbH

Der Quart Verlag wird vom Bundesamt für Kultur für die Jahre 2021–2024 unterstützt.

Javier Müller
Volume 49 of the series *Anthologie*
Edited by: Heinz Wirz, Lucerne
Concept: Heinz Wirz; Javier Müller, Geneva
Project management: Quart Verlag, Linus Wirz
Texts: Javier Müller in collaboration with Salomé Houllier Binder
German text editing: Britta Schröder, schroeder-works.de, Friedberg
English text editing: Benjamin Liebelt, Berlin
Translation: Beate Ummenhofer, language service, Vienna
Photos: Think Utopia, Geneva, p. 10–47, Holger Jacob, Zurich, p. 48
Redesign: BKVK, Basel – Beat Keusch, Angelina Köpplin-Stützle
Graphic design: Quart Verlag Luzern
Lithos: Printeria, Lucerne
Printing: DZA Druckerei zu Altenburg GmbH

Quart Publishers is being supported by the Federal Office of Culture for the years 2021–2024.

Quart Verlag GmbH
Denkmalstrasse 2, CH-6006 Luzern
books@quart.ch, www.quart.ch

*inserted booklet with translation